¡A CONVERSAR!

2

Tara Bradley Williams

Special thanks to Rebecca Cuningham, Jodie Parys, PhD,
Maribel Borski, Lidia Lacruz Amorós & Vandre Graphic Design, LLC

¡A Conversar! 2: Student Workbook

ISBN 13: 978-0-9777769-5

Tara Bradley Williams

Published by Pronto Spanish, P.O. Box 92, Lake Mills, Wisconsin 53551 (www.prontospanish.com)

Table of Contents

¡Bienvenidos!

You are about to embark upon a hands-on, fun Spanish conversation course that is probably unlike most courses you have taken in the past. All of our activities try to "immerse" you into real-life Spanish and push your conversational skills to the limit. For some of you, verb charts and tenses may be new--especially if you have taken previous Pronto Spanish courses. For many others, it is simply a refresher to help you move your Spanish skills on to the next level. Wherever you are, rest assured that our focus is to get you to speak and use the language--not to make you a linguist.

At Pronto Spanish, we do not try to inundate you with grammar rules, but rather, give you "just enough" to help you communicate--no more, no less. We do not strive to be "all things to all people." Rather, we focus on providing quality exercises and fun stories to help you acquire the language. If you feel like you need more grammar explanations, please go to your local bookstore or ask your instructor for recommendations on one of the many wonderful Spanish grammar books that would fit your needs.

If you have any comments or suggestions on how we can improve this course and workbook, please write us at: comments@prontospanish.com. We look forward to hearing from you!

Tips for Learning Spanish

- RELAX! Let your guard down and have some fun. Remember many Spanish-speakers and immigrants try just as hard to learn English!

- Listen for "cognates" (words that sound similar in Spanish and English). For example, "communication" is "comunicación".

- Use your face and hands to express yourself. Gesturing, pointing, and touching things all help to convey the message.

- Focus on the "big picture." Your goal is to communicate, not to understand each and every word. If you do not understand a few words (or even sentences at a time), listen for the overall message.

- Practice Spanish every chance you get. Listen to the Spanish radio and television stations, use the Spanish language or subtitle options on your DVD player, or even travel to Spanish-speaking countries. Best of all, practice with your co-workers and Spanish speaking neighbors as much as possible.

4

¡A CONVERSAR!

Level 1 Review

- Los saludos - *Greetings*
- Los colores - *Colors*
- Los números – *Numbers*
- La hora - *Time*

Saludos e introducciones
(Greetings/Introductions)

Hola

Buenos días

¿Cómo se llama?

Buenas tardes

Me llamo _____.

Buenas noches

Frases de conversación
Saludos (Greetings)

¿Cómo estás? OR ¿Qué tál? (informal)	• Muy bien (++) • Bien (+) • Más o menos (+/-) • Así así (+/-) • Regular (+/-) • Mal (-) • Muy mal (- -)
¿Qué pasa? (informal)	• Todo bien (+) • Nada (0)
¿De dónde eres?	Soy de _(Puerto Rico)_.
¿Hablas inglés? ¿Hablas español?	• Sí (+) • Un poco *(some)* • Un poquito *(very little)* • No (-)

Los colores (Colors)

Instrucciones: Indica el color apropriado con un creyón o lapiz de color.
Instructions: *Indicate the appropriate color using a crayon or colored pencil.*

rojo	azul
verde	amarillo
blanco	negro
morado	rosado
naranja / anaranjado	café / pardo / marrón

Una persona

Instrucciones: Escucha al maestro y dibuja a la persona que describe.

Los números

(Numbers)

1 uno	6 seis	11 once	16 diez y seis	21 veinte y uno	70 setenta
2 dos	7 siete	12 doce	17 diez y siete	30 treinta	80 ochenta
3 tres	8 ocho	13 trece	18 diez y ocho	40 cuarenta	90 noventa
4 cuatro	9 nueve	14 catorce	19 diez y nueve	50 cincuenta	100 cien / ciento*
5 cinco	10 diez	15 quince	20 veinte	60 sesenta	1000 mil

"Ciento" is used for numbers greater than "100 on the dot." (101 = Ciento uno, 120 = Ciento veinte, etc.)

La hora
(Time)

PREGUNTA: ¿Qué hora es? *(What time is it?)*

RESPUESTAS POSIBLES:

> ** For times in the 1 o'clock hour, use:*
> **Es la una** (It is 1:00)
>
> Ó
> **Es la una y** _____. (It is 1:_ _)
> (Ejemplo: Es la una y veinte = 1:20)
>
>
> ** For all other times, use:*
> **Son las** _____ (It is _ :00)
> (Ejemplo: Son las tres = 3:00)
>
> Ó
> **Son las** _____ **y** _____. (It is _ : _ _)
> (Ejemplo: Son las cuatro y diez = 4:10)

NOTE: To say **"At what time?"**, you use **"¿A qué hora?"**.

To answer that question, use:
"A las ____ " (instead of "son las ocho.")

Ejemplo:
PREGUNTA: ¿A qué hora es el concierto?

RESPUESTA: A las ocho.

11

Ejemplos de la hora

¿Qué hora es?

Es la una.

Es la una y diez.

Son las tres.

Son las cinco y veinte.

Son las ocho y quince.
o
Son las ocho y cuarto.

Son las diez y treinta
o
Son las diez y media.

5:50

Son las seis menos diez.
It is 6 o'clock minus 10 minutes.

10:40

Son las once menos veinte.
It is 11 o'clock minus 20 minutes.

Otro vocabulario para decir la hora

Noon = mediodía   *AM = de la mañana*

Midnight = medianoche   *PM = de la tarde / noche*

¡A CONVERSAR!

Level 2
New Material

Lección 1

- Seasons & Months
- Days of the Week

Estaciones y meses del año
(Seasons and Months of the Year)

INVIERNO	**PRIMAVERA**	**VERANO**	**OTOÑO**
diciembre	marzo	junio	septiembre
enero	abril	julio	octubre
febrero	mayo	agosto	noviembre

PISTA:
Notice how similar the Spanish months are to the English months.

NOTA:
Much of Latin America is in the Southern Hemisphere, therefore the months are in different seasons. For example, December is in summer, March is in fall, June is in winter, and September is in spring.

Fecha (Date)

In Spanish, the day goes before the month when writing and speaking.

For example:

- El 2 de septiembre (the 2nd of September)
- El 24 de diciembre (the 24th of December)
- El 15 de junio (the 15th of June)

Nota:

When saying the "1st of the month," say "el primero de ____."
For example, March 1 is "el primero de marzo."

Actividad: ¿Cuándo es...?

Persona A

Start each question with:

1) Pregunta:

¿Cuándo es _____?

tu cumpleaños	
la Navidad	
el primer día de la primavera	
tu día favorito	
el cumpleaños de tu madre	
el primer día de la escuela	
la clase de inmersión de español	
Tres preguntas más:	
1)	
2)	
3)	

2) Contesta las preguntas de la persona B.

Actividad: ¿Cuándo es...?

Persona B

1) Contesta las preguntas de la persona B.

2) Pregunta:

¿Cuándo es _____?

tu cumpleaños	
la Pascua (*Easter*)	
el primer día del verano	
tu día favorito	
el cumpleaños de tu padre	
Halloween	
el día de San Valentín	
Tres preguntas más:	
1)	
2)	
3)	

Los días de la semana (The Days of the Week)

Mi horario

lunes	martes	miércoles	jueves	viernes	sábado	domingo
10 am: Sr. Valdez 2 pm: Srta. Lopez	11:30 am: Sra. Vegas 2:50 pm: Sr. La Cruz 6 pm: Fútbol	8:15 am: dentista 12:00: almuerzo 3:00 pm: Srta. María	No tengo citas.	9 am: Sr. Mendez 1:20 pm: Sra. Pelayo 4:40 pm: Sr. Garcia	FIESTA	10:30 am: Misa Descanso

19

Actividad: Mi horario

Instrucciones: Haz cinco preguntas a tu pareja sobre *(about)* tu horario *(schedule)* de la semana.

Ejemplo:

Pregunta: ¿Cuándo es la cita *(appointment)* con el Sr. Valdez?

Respuesta: El lunes a las 10 de la mañana.

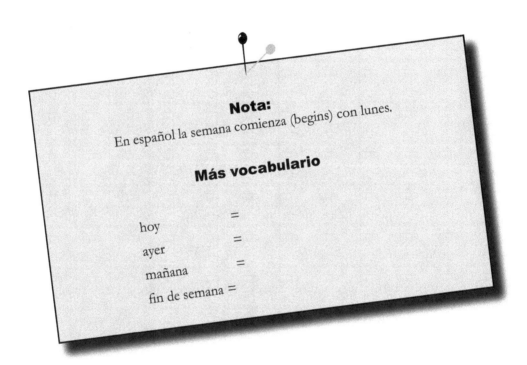

Nota:

En español la semana comienza (begins) con lunes.

Más vocabulario

hoy   =

ayer   =

mañana   =

fin de semana =

La fecha

In most Spanish-speaking countries, the date is written with the day first, then the month, and finally the year. For example, February 10, 2003 is written 10/2/03 (NOT October 2, 2003!).

Instrucciones: Escribe las fechas que oyes.

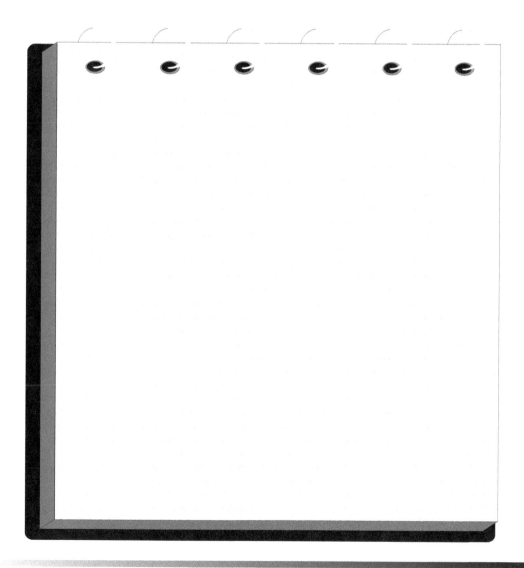

Actividad: La fecha

Persona A

Instrucciones: Escucha a la Persona B y escribe la fecha.

1. _____
2. _____
3. _____
4. _____
5. _____
6. _____
7. _____
8. _____
9. _____
10. _____

Instrucciones: Le dices a Persona B tus fechas.

1. 11/4/73
2. 2/11/81
3. 8/9/02
4. 5/12/03
5. 25/3/98
6. 31/1/00
7. 15/7/54
8. 21/2/63
9. 11/11/67
10. 17/6/22

Actividad: La fecha

Persona B

Instrucciones: Le dice a la Persona A las siguientes fechas.

1. 5/6/02
2. 14/9/42
3. 7/10/03
4. 30/1/74
5. 22/3/95
6. 1/1/01
7. 16/4/28
8. 27/5/99
9. 4/2/92
10. 23/12/27

Instrucciones: Escucha a la Person A y escribe la fecha.

1. _____
2. _____
3. _____
4. _____
5. _____
6. _____
7. _____
8. _____
9. _____
10. _____

Cuento de TPRS

CUENTO: El papá y el chico

Instrucciones: Dibuja o escribe el cuento de la clase.

Lección 2

- Pronouns
- Clothing
- Directions

Pronouns

		Singular		Plural
1st person	yo *(I)*		nosotros/as *(we)*	
2nd person	tú *(you informal)*		vosotros/as *(you "all" informal)*	
3rd person	él ella usted (Ud.) *(he, she, you formal)*		ellos ellas ustedes (Uds.) *(they, you "all" formal)*	

Ropa (Clothes)

vestido

camisa

blusa

camiseta

traje de baño

falda

sudadera

chaqueta

pantalones

pantalones cortos

suéter

zapatillas

zapatos

calcetines

Ropa (Clothes)

aretes

collar

anillo

pulsera

gafas/lentes

gorra

sombrero

gorro

corbata

cinturón

bolso

cartera

bufanda

guantes

paraguas

27

La ropa - hombre

Instrucciones:

1) Tell you partner to draw **"un hombre que lleva..."** Add your own items of clothing in addition to those listed on the previous pages.

2) Listen to your partner and draw what he/she says.

La ropa - mujer

Direcciones

1) Tell you partner to draw **"una mujer que lleva..."** Add your own items of clothing in addition to those listed on the previous pages.

2) Listen to your partner and draw what he/she says.

Cuento de TPRS

CUENTO: La mujer elegante

Instrucciones: Dibuja o escribe el cuento de la clase.

Direcciones (Directions)

Instrucciones: Dibuja el sentido *(meaning)* de la palabra *(word)*.

a la derecha		debajo de	
a la izquierda		al lado de	
recto/derecho		cerca de	
detrás		lejos de	
delante		aquí	
encima de		allá	

¿Dónde está _____? (Where is _____?)

Español	Inglés
Sigue _____.	
Dobla _____.	
Camina _____ cuadras.	
Está _____. • muy cerca • allí • enfrente de _____. • detrás de _____. • al lado de _____. • a _____ cuadras de _____.	

Más vocabulario:

Actividad: Perdido (lost) en Cuernavaca, México

Instrucciones: Trabaja *(work)* en parejas. Cada persona debe hacer cinco preguntas, usando el mapa que sigue.

Ejemplo:

Persona A Pregunta: Estoy en la Catedral. ¿Dónde está el cine?

Persona B Contesta: Está muy cerca. Sigue por la calle *(street)* Morelos una cuadra y el cine está en la esquina de Morelos y la calle Rayon.

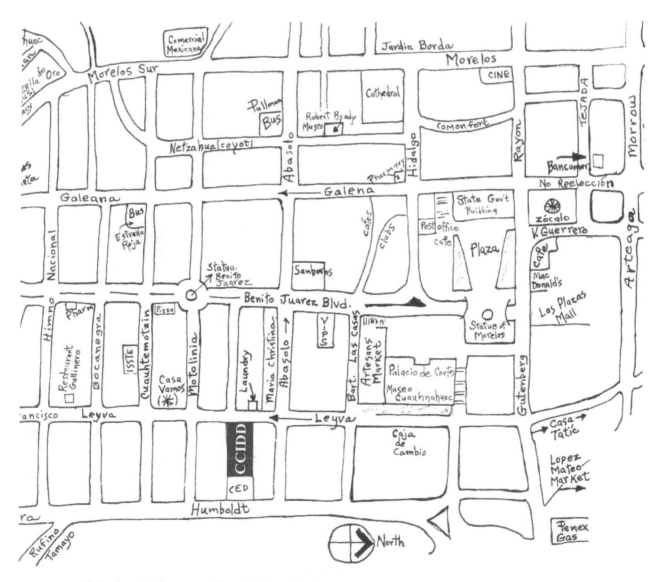

Map from the Cuernavaca Center for Intercultural Dialogue on Development (CCIDD) – www.ccidd.org

Lección 3

- Simple Future Tense
- Weather
- Vacation

El futuro simple (Easy Future Tense)

There is a special "future tense" that you can learn. However, for our purposes now, we are going to learn the "easy" version to express the future. We start with the verb "ir," which means "to go" in English.

Verbo: Ir (to go)

(Yo) **voy**	I go	(Nosotros) **vamos**	We go
(Tú) **vas**	You go (informal)	(Vosotros) **vais**	You (all) go *(Spain)*
(Él/Ella/Usted) **va**	He/she goes You go (formal)	(Ellos/Ellas/Ustedes) **van**	They go You (all) go

El futuro simple (Continued)

We are going to focus on **VOY** and **VAS.**

Ejemplos

"¿Qué vas a hac<u>er</u>?" =

"¿Vas a estudi<u>ar</u>?" =

"Voy a jug<u>ar</u> al golf." =

Notice how the second verb (hacer, estudiar, and jugar) all end in an "r". This is the *INFINITIVE* of the verb. All Spanish verbs end in either –AR, -ER, or –IR. Whenever you want to talk about the future, just say the appropriate form of the verb "ir," add an "a", then the "infinitive" of the verb you want to use.

Hence, the formula: "Ir" + a + Infinitive

Ejemplos:

Voy a jug<u>ar</u> al fútbol.
¿Vas a com<u>er</u>?
Voy a trabaj<u>ar</u>.
¿Vas a <u>ir</u> al cine?

Más vocabulario

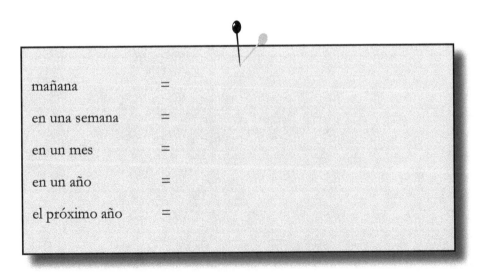

mañana	=
en una semana	=
en un mes	=
en un año	=
el próximo año	=

¿Qué vas a hacer este fin de semana?
(What are you going to do this weekend?)

What are your plans for the weekend? From the list below, choose 5 activities that you plan to do this weekend (Ex: Voy a ver la tele.) Write them under "JUEGO UNO." For JUEGO DOS, choose 5 activities that you do not plan to do (No voy a ver la tele).

With a partner, take turns asking questions (¿Vas a ir al gimnasio?) to see who is the first person to guess the other person's five activities in JUEGO UNO and JUEGO DOS. Respond to your partner's answers with the conversational possible responses below.

¡No me digas!	You don't say!
Yo no. / Yo sí.	I'm not going to. / I will.
Yo también.	Me too.
¿De verdad?	Really?

1	2	español	inglés
___	___	Escuchar música	
___	___	Estar con mi familia	
___	___	Estar con mis amigos	
___	___	Estudiar	
___	___	Cocinar	
___	___	Comer	
___	___	Ir al cine	
___	___	Ir al gimnasio	
___	___	Ir a una fiesta	
___	___	Ir de compras	
___	___	Jugar al tenis	
___	___	Jugar al baloncesto	
___	___	Leer	
___	___	Mirar la tele	
___	___	Mirar a los Packers	
___	___	Practicar deportes	
___	___	Tocar un intrumento	
___	___	Trabajar	
___	___	Trabajar en el jardin	
___	___	Viajar	

JUEGO UNO
Voy a ....

_____
_____
_____
_____
_____

JUEGO DOS
No voy a ....

_____
_____
_____
_____
_____

Actividad: ¿Cuáles son tus planes? (What are your plans?)

Instrucciones: Haz preguntas a tus compañeros de clase sobre *(about)* sus planes. Cuando una persona planea hacer una actividad, escribe su nombre en la caja *(box)*.

PREGUNTA: ¿Vas a _____?
RESPUESTA: Sí, voy a _____   ó   No, no voy a _____.

Jugar al golf	Escuchar música	Comer	Mirar fútbol americano
Viajar	Cocinar	Leer	Trabajar en el jardín.
Estar solo	Jugar al baloncesto	Tocar un instrumento	Ir al cine
Jugar con computadoras	Trabajar	Escribir	Estar con tu (mi) familia

El tiempo (Weather)

Nieva.

Está nublado.

Hace sol.

Hace viento.

Llueve.

Frases Adicionales

Hace buen tiempo. The weather is nice.	¿Tiene calor? (Are you hot?) • Sí, tengo calor. • No, no tengo calor.
Hace mal tiempo. The weather is bad.	¿Tiene frío? (Are you cold?) • Sí, tengo frío. • No, no tengo frío.

Actividad: Voy de vacaciones

Persona A

1) Pregunta a la Persona B lo siguiente:

   ¿Cómo está el tiempo ahora *(now)*?

   ¿Cuándo vas de vacaciones?

   ¿Adónde vas de vacaciones?

   ¿Qué vas a hacer durante tus vacaciones?

   ¿Qué ropa vas a llevar *(bring)*?

2) Contesta las preguntas de la Persona B. Usa la historia que sigue.

Es el 6 de enero y tengo frío en Minnesota. Voy a ir de vacaciones a las Bahamas mañana. Voy a nadar *(swim)* y tomar el sol *(suntan)* todo el día.

Actividad: Voy de vacaciones

Persona B

1)   Contesta las preguntas de la Persona B. Usa la historia que sigue.

Es el 15 de febrero. Voy a ir de vacaciones a Aspen, Colorado mañana. Voy a esquiar y beber *(drink)* café todo el día.

2)   Pregunta a la Persona B lo siguiente:

¿Cómo está el tiempo ahora *(now)*?

¿Cuándo vas de vacaciones?

¿Adónde vas de vacaciones?

¿Qué vas a hacer durante tus vacaciones?

¿Qué ropa vas a llevar *(bring)*?

Actividad: Las vacaciones

You want to go on vacation, but you don't know where you would like to go. Ask the travel agents their opinions about ideal vacations, the weather in each location, and what you should pack. When you are finished, answer the questions below.

	El destino	El tiempo	Las actividades	La ropa
Agente 1				
Agente 2				
Agente 3				
Agente 4				
Agente 5				
Agente 6				

¿Adónde quiere ir?
¿Pór que?

Quiero *(I want)* ir a _____ porque _____.

Voy a llevar *(bring/ wear)*_____.

Cuento de TPRS

CUENTO: El hombre guapo

Instrucciones: Dibuja o escribe el cuento de la clase.

Lección 4

- Shopping/Prices
- Review of Likes/Dislikes

Anuncio (My Ad)

Instrucciones: Choose an object from the bag. Make up a new use for this object. In groups of 2 or 3, write a commercial for the new object with its new use. Act it out for the class.

IMPROVISANDO

Ideas para el nuevo uso:

Ideas y frases para el anuncio:

¿Cuánto cuesta? (How much does it cost?)

To ask how much something costs, all you need to say is:

PREGUNTA: ¿Cuánto cuesta/n?

RESPUESTA: Cuesta/n _____.
(Ejemplos: La camiseta cuesta 30 pesos. Los pantalones cuestan 200 pesos.)

Vocabulario adicional:

To ask if somebody has something, say:

PREGUNTA: ¿Tiene _____? *(Do you have…)*

RESPUESTA: Sí, tengo _____. / No, no tengo _____.

o

PREGUNTA: ¿Hay _____? *(Is there….)*

RESPUESTA: Sí, hay _____. / No, no hay _____.

Actividad: Una tienda de ropa (A Clothing Store)

Persona A

1) You and your partner are taking inventory in a clothing store. Write down the necessary information as your partner counts the stock and gives you the numbers you ask for.

PREGUNTAS

¿Hay calcetines? ¿Hay calcentines rojos?

¿Cuánto cuestan?

¿Cuántos calcetines hay en total?

ROPA	PRECIO	café	gris	azul	verde	rojo	naranja	blanco	TOTAL
Calcetines									
Blusas									
Vestidos									
Tenis									
Pantalones									
Camisas									

2) **RESPUESTAS:** Give your partner the following information in order to help him/her take inventory.

$12	$35	$44	$21

10 azules	68 negros	14 blancos	54 rojas
81 blancas	99 morados	52 negros	39 moradas
63 amarillas	74 rosados	126 azules	77 rosadas
154 camisetas en total	241 suéteres en total	192 zapatos en total	170 faldas en total

Una tienda de ropa (A Clothing Store)

Persona B

1) **RESPUESTAS:** Give your partner the following information in order to help him/her take inventory.

$31	$52	$28	$41
12 anaranjados	61 grises	21 azules	45 anaranjados
9 blancos	52 verdes	98 cafés	73 verdes
134 azules	11 rojos	38 blancas	84 cafés
155 pantalones en total	124 vestidos en total	157 blusas en total	202 tenis en total

2) You and your partner are taking inventory in a clothing store. Write down the necessary information as your partner counts the stock and gives you the numbers you ask for.

PREGUNTAS

¿Hay faldas? ¿Hay faldas rojas?

¿Cuánto cuestan?

¿Cuántos faldas hay en total?

ROPA	PRECIO	amarillo	azul	rosado	morado	rojo	negro	blanco	TOTAL
faldas									
sudaderas									
camisetas									
jeans									
zapatos									
suéteres									

Repaso de "gustar"
(Review of Likes / Dislikes)

To ask someone if they LIKE something, say:

PREGUNTA (QUESTION):

¿Le gusta _____ ?

RESPUESTA (ANSWER):

Sí, me gusta _____.
(Yes, I like ___.)

OR

No, no me gusta ____.
(No, I do not like___.)

To ask someone what they like TO DO, say:

PREGUNTA (QUESTION):

¿Qué le gusta hacer?
(**HACER** *means* "TO DO".)

RESPUESTA (ANSWER):

Me gusta _____.

JUEGO "Verdad, Verdad, Mentira" (Truth, Truth, Lie): Escriba tres frases; dos frases de que le gusta hacer y una frase que es una mentira *(lie)*. El grupo va a adivinar *(guess)* cuál es la mentira.

1. _____

2. _____

3. _____

Me/Le gusta... (I/You like...)

Instrucciones: Escriba una lista de 5 cosas de que le gusta hacer. Habla con tu pareja de sus intereses para ver si tienen algo en común (*something in common*).

A mí me gusta...

A mí pareja le gusta...

Cuento de TPRS

CUENTO: Mis vacaciones

Instrucciones: Dibuja o escribe el cuento de la clase.

Lección 5

- Introduction to Verb Conjugation (Present Tense)
- Review of Family
- Descriptions of People

Conjugation

You have been conjugating verbs since Level 1 and may not have even realized it! Here is the "official" conjugation for present tense verbs.

PRESENT TENSE

For present tense, you simply drop the last 2 letters of the verb and add on your new ending. For example, if you wanted to say "I dance", change the verb "bailar" to "bailo."

	- AR	- ER	- IR		- AR	- ER	-IR
yo	-o	-o	-o	nosotros	-amos	-emos	-imos
tu	-as	-es	-es	*vosotros*	-áis	-éis	-ís
el, ella, Ud.	-a	-e	-e	ellos, ellas, Uds.	-an	-en	-en

* *Vosotros* is used only in Spain.

Unfortunately, there are exceptions to these. But this is the general pattern.

Conjugation Practice

Here is a list of some common "regular verbs" (meaning that they follow the previous pattern). Practice making sentences with a partner or small group. (See a more complete list of verbs in the Appendix.)

AR		ER		IR	
hablar	*to talk*	beber	*to drink*	escribir	*to write*
escuchar	*to listen*	comer	*to eat*	vivir	*to live*
mirar	*to watch*	aprender	*to learn*	abrir	*to open*
pagar	*to pay*	leer	*to read*		
viajar	*to travel*	vender	*to sell*		
buscar	*to look for*				

For example:

Yo hablo español.
Tú bebes limonada.
Ella busca sus zapatos.
Nosotros aprendemos mucho.
Vosotros escribís cartas.
Ellos abren la puerta.

La familia

Persona A

Instrucciones: Pregunta a la Persona B por su familia.

For example:
¿Cómo se llama la hermana de Maria?
¿Cómo se llama el padre de Santi?
¿Cómo se llaman los tíos de María?

abuelo/a	grandfather/grandmother	sobrino/a	nephew/niece
padre	father	esposo/a	spouse
madre	mother	padrino/madrina	godfather/godmother
hijo/a	son/daughter	parientes	relatives
hermano/a	brother/sister	padrastro	step-father
nieto/a	grandson/granddaughter	madrastra	step-mother
tío/a	uncle/aunt	hijastro/a	step-son/daughter
primo/a	cousin	hermanastro/a	step-brother/sister

55

La familia

Persona B

Instrucciones: Pregunta a la Persona A por su familia.

For example:
¿Cómo se llama el primo de María?
¿Cómo se llaman los abuelos de Rosa?
¿Cómo se llama la tía de Rosa?

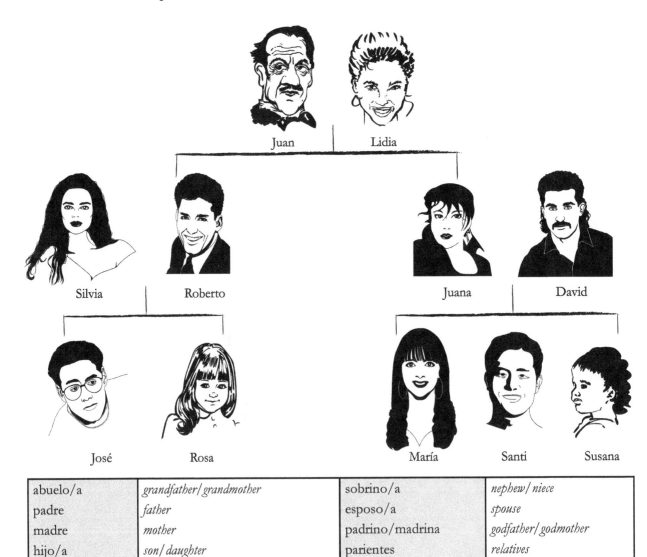

Juan	Lidia
Silvia	Roberto	Juana	David
José	Rosa	María	Santi	Susana

abuelo/a	*grandfather/grandmother*	sobrino/a	*nephew/niece*
padre	*father*	esposo/a	*spouse*
madre	*mother*	padrino/madrina	*godfather/godmother*
hijo/a	*son/daughter*	parientes	*relatives*
hermano/a	*brother/sister*	padrastro	*step-father*
nieto/a	*grandson/granddaughter*	madrastra	*step-mother*
tío/a	*uncle/aunt*	hijastro/a	*step-son/daughter*
primo/a	*cousin*	hermanastro/a	*step-brother/sister*

Características de personas – Characteristics of People

¿Cómo es? (What is he/she like?)

What are you like? From the list below, choose 5 characteristics that describe your personality. (Por ejemplo: Soy amable.) Write them under "JUEGO UNO." For JUEGO DOS, choose 5 characteristics that <u>do not</u> describe you.

With a partner, take turns asking questions (¿Es amable?) to see who is the first person to guess the other person's characteristics in JUEGO UNO. Respond to your partner's answers with the conversational responses below (Reacciones). Do the same for JUEGO DOS.

¡No me digas!
Yo no. / Yo sí.
Yo también.
¿De verdad?

1	2	español	inglés	
		alto/a		**JUEGO UNO (Soy ...)**
		amable		_____
		artístico/a		_____
		bajo/a		_____
		bonito/a		_____
		callado/a		_____
		cariñoso/a		
		desordenado/a		
		feo/a		
		generoso/a		
		guapo/a		**JUEGO DOS (No soy ...)**
		gracioso/a		_____
		impaciente		_____
		inteligente		_____
		joven		_____
		ordenado/a		_____
		paciente		
		perezoso/a		
		serio/a		
		simpático/a		
		sociable/a		
		tacaño/a		
		trabajador		
		viejo/a		

Cuento de TPRS

CUENTO: La familia

Instrucciones: Dibuja o escribe el cuento de la clase.

<table>
<tr><td></td><td></td></tr>
<tr><td></td><td></td></tr>
<tr><td></td><td></td></tr>
</table>

Lección 6

- Restaurant
- Review of Parts of the Body
- Doctor

El restaurante

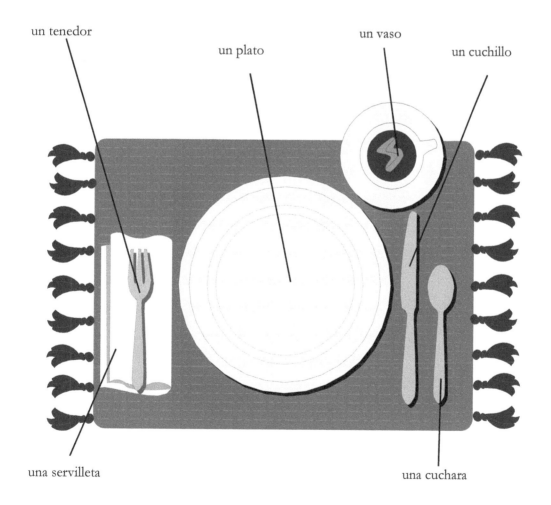

un tenedor

un plato

un vaso

un cuchillo

una servilleta

una cuchara

Expresiones útilies

Me trae _____, por favor.   *Bring me _____, please.*

Quiero _____, por favor.   *I want _____, please.*

Quisiera _____, por favor.   *I would like _____, please.*

¿Tiene _____?   *Do you have _____?*

Instrucciones: Usando el menú de la siguiente página, pide *(order)* tu comida al mesero *(waiter)*. *(Change roles when finished.)*

Nombre	
Teléfono	
Fecha	
Hora/Recoger a lás	a.m. / p.m.

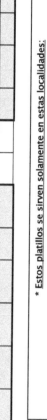

"¡Burritos tan grandes como tu cabeza!"®

Burritos—"¡Burritos tan grandes como tu cabeza!"®
Nuestros famosos Burritos La Bamba se preparan con su selección de carne, frijoles, lechuga, jitomate, cebolla, queso y nuestra deliciosa salsa picante.

Tortas—Deliciosa Bolillo Mexicana
Tortas La Bamba se sirven con su selección de carne, lechuga, jitomate, cebolla, y nuestra deliciosa salsa picante.

Tacos—Nuestro Tradicionál y Favorito
Tacos La Bamba se sirven con su selección de carne, lechuga, jitomate, cebolla, y nuestra deliciosa Salsa La Bamba.

Platillos Vegetarianos—Alternativas Sín Carne
Los frijoles son concinados lentamente a la perfección, sin aceite ó manteca. Se sirven con lechuga, jitomates, cebolla, queso (burritos), crema (tortas), y Salsa La Bamba (tacos) ó salsa picante (tortas y burritos).
Burrito—Escoga entre Frijoles, Frijoles con Arroz, ó Frijoles con Aguacate.
Tortas—Escoga entre Frijoles, Frijoles con Arroz, ó Frijoles con Aguacate.
Tacos—Escoga entre Frijoles, Frijoles con Arroz, ó Frijoles con Aguacate.

Quesadillas—Absolútamente deliciosas!
Quesadillas de Harina Grandes—Tortilla de harina grande con queso derretido, frijoles, lechuga, jitomate, cebolla y nuestra salsa picante.
Quesadillas de Maíz Chicas—Dos tortillas de maíz con queso derretido, frijoles, lechuga, jitomates, cebolla y nuestra salsa picante.

Nachos...Nachos...Nachos!
Chips y Salsa—Solo intente resistir nuestros deliciosos chips hechos en casa, servidos con Salsa La Bamba!
Nachos Regulares—Incluyen queso, frijoles, crema y Salsa La Bamba!
Vegetarian Nachos—Incluyen aguacate, queso, frijoles, jitomates, cebolla, crema y Salsa La Bamba!
Super Nachos—Incluyen la selección de carne, queso, frijoles, lechuga, jitomate, cebolla, crema y Salsa La Bamba!
Menudo—Se Sirve en Sábados y Domingos Únicamente
Este platillo se sirve solamente en algunos de nuestros localidades.*
Milanesa—Se Sirve Diáriamente
Este platillo se sirve solamente en algunos de nuestras localidades.*

Selección Regular de Carnes—Para Burritos, Tortas & Tacos
Bistec—ó a la ranchera recién cocinada, fresca, nunca congelada!
Pollo Adobado—Marinada con una salsa especial.
Aquacate con Frijoles—Usamos únicamente aguacates frescos y frijoles cocinados lentamente a la perfección sin aceites ó manteca.
Combinación—Puerco y res
Chorizo*—Puerco con auténticas espécias Mexicanas.

Especialidades de Carnes—Para Tacos*
Al Pastor*
Lengua*
Tripas*
Barbacoa*

Por favor, checar los ingredientes que NO QUIERE en su orden.

Frijoles	Lechuga	Jitomate	Cebolla	Queso	Salsa	Crema	Acompañado	
							Arroz	Frijoles

Extras

Crema	Aguacate	Jalapeño	Arroz en el Burrito	Carne Extra	Queso

Nombre de Contacto	Qty	Platillo	Tamaño Burrito	Tipo de Carne

VISA / MasterCard / AMEX

* Estos platillos se sirven solamente en estas localidades:

Lafayette, IN—Sagamore Parkway
Indianapolis, IN—Michigan Road
Indianapolis, IN—Lafayette Road
Monona, WI—Monona Drive
Madison, WI—Gammon Road

Las partes del cuerpo (The Parts of Body)

La cara (The Face)

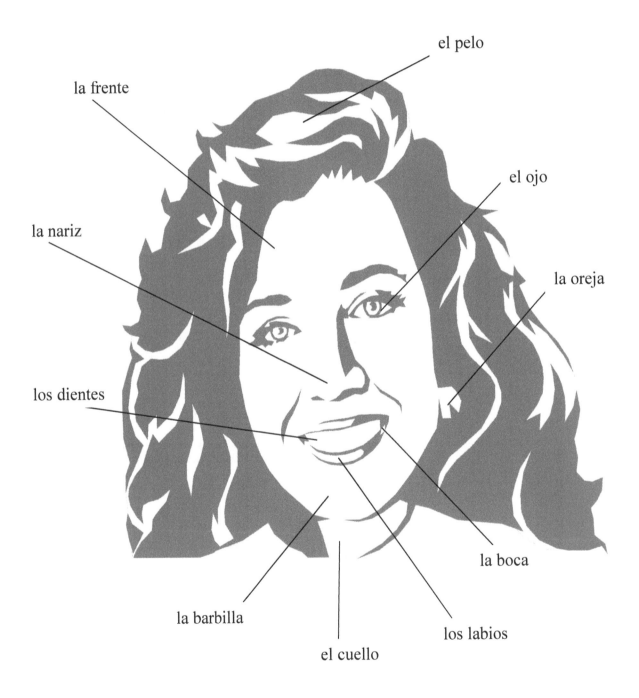

el pelo

la frente

el ojo

la nariz

la oreja

los dientes

la boca

la barbilla

los labios

el cuello

Las partes del cuerpo (The Parts of Body)

El cuerpo (The Body)

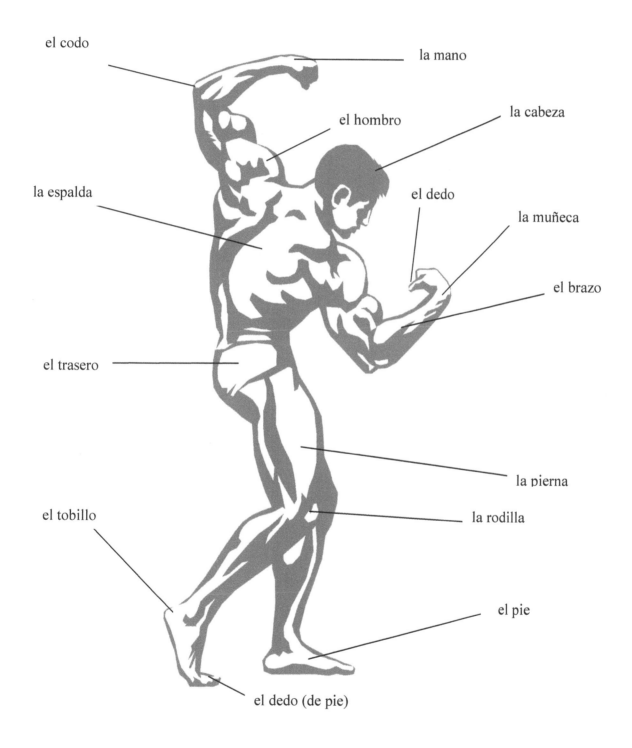

el codo

la mano

el hombro

la cabeza

la espalda

el dedo

la muñeca

el brazo

el trasero

la pierna

el tobillo

la rodilla

el pie

el dedo (de pie)

Me duele...
(My ___ hurts...)

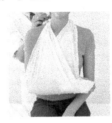

To ask someone "What hurts?", say:

PREGUNTA: ¿Qué te duele/n?*

RESPUESTA: Me duele/n _____ *(My _____ hurts.)*

Ó

Le duele _____ *(His/her _____ hurts.)*

Ejemplos:
Médico: ¿Qué te duele?
Paciente: Me duele la cabeza.

Médico: ¿Qué te duelen?
Paciente: Me duelen las piernas.

PREGUNTA ESPECÍFICA: ¿Te duele _____?

Ejemplos:
Madre: ¿Te duele la pierna?
Hijo: No, no me duele la pierna. Me duele el pie.

*NOTA: Use the verb "duelen" when talking about more than one body part.

For example:
Me duelen los ojos.
Me duelen los dedos.
Me duelen los pies.

Actividad: El médico
(The Doctor)

Instrucciones: Un paciente visita con frecuencia a su médico. En parejas, sosten una conversación con:

Saludos *(Basic greetings)*

Preguntas sobre la familia y los amigos

El médico hace preguntas *(Ask what hurts.)*

El paciente dice cinco partes del cuerpo que le duelen *(hurts)*

El médico toma apuntes *(takes notes)* y repite qué le duele al paciente

El médico aconseja *(gives advice)* al paciente. Ejemplos:
Toma *(take)* _____ aspirinas y llámame mañana.
Necesitas descansar *(rest)* más.
Necesitas comer *(eat)* _____.
Necesitas *(You need to)* _____
Hay que *(You should)* _____
Tienes que *(You should)*_____

65

Cuento de TPRS

CUENTO: El restaurante mexicano

Instrucciones: Dibuja o escribe el cuento de la clase.

Lección 7

- "Easy" Past Tense (Present Perfect Tense)
- Telephone Calls

El pasado simple ("Easy" Past Tense)

To express past tense in Spanish "easily," use the "present perfect" tense. In English, this is the "to have done something" tense.

For example:
I have eaten. I have slept. I have worked.

In Spanish, use:

1) the verb **HABER** = to have "done"

He (eh)	*I have*	**Hemos** (ehmos)	*We have*
Has (ahs)	*You have (informal)*	**Hais** (ice)	*You all have (informal)* *Only in Spain*
Ha (ah)	*He/She has* *You have (formal)*	**Han** (ahn)	*They have* *You all have*

2) the verb you are trying to express in the past tense. *(You need to change the ending a bit, depending on if it ends in –ar, -er, or –ir.)*

AR Verbs	ER Verbs	IR Verbs
bailar → bailado	comer → comido	Vivir → vivido
hablar → hablado	leer → leído	ir → ido
mirar → mirado	beber → bebido	decidir → decidido

So, all together, you have:

He bailado = *I have danced.*
Has comido. = *You have eaten.*
Ha decidido. = *He has decided.*

Hemos hablado = *We have spoken.*
Hais decidido = *You all have decided.*
¿Han leído? = *Have they read?*

Actividades con verbos

Instrucciones: With a partner, practice asking questions and answering using the verbs on the previous page.

For example:
¿Ha bailado hoy? Sí, he bailado.
¿Ha bebido Coca Cola? No, no he bebido Coca Cola.

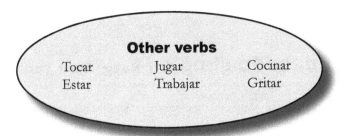

Other verbs

Tocar	Jugar	Cocinar
Estar	Trabajar	Gritar

Actividad: Go back to "What are your plans?" Survey in Lección 3 and ask people in the room if they have done the certain activity mentioned. If they have, have them sign their name.

TPRS (Tu cuento)

Instrucciones: In groups of 3, write your own story. This can include any vocabulary we have learned: people characteristics, family, restaurant, weather, clothes, body parts, etc.

The basic plot can look something like this:

Hay _____ (There is _____).
Se llama (His/her name is _____).
> *Tell something interesting about this person.*
> *Then there is a problem. What is the problem?*
> *How does it get resolved?*

Llamadas telefónicas – Telephone Calls

HACER UNA CITA

EXAMPLE *(making an appointment with the receptionist)*

María Bañuelos
Appointment with Tomás
Wednesday, May 10
2:30 pm

RECEPCIONISTA:
¿Bueno?

CLIENTE:
Buenos días. **Me gustaría hacer una cita** con Tomás.

RECEPCIONISTA:
¿De parte de quién?

CLIENTE:
Me llamo María Bañuelos.

RECEPCIONISTA:
¿Cuándo **le gustaría hacer la cita?**

CLIENTE:
El miércoles, el 10 de mayo.

RECEPCIONISTA:
¿Está disponible a las 2 y media de la tarde?

CLIENTE:
Sí. Está bien.

RECEPCIONISTA:
Muy bien. ¡Hasta el miércoles!

CLIENTE:
Adiós.

ACTIVIDAD:

Make an appointment with the following information.
Maricela Martinez
Appointment with Natalia
Thursday, May 11 at 8:30 am

Llamadas telefónicas – Telephone Calls

DEJAR UN MENSAJE

EXAMPLE
(leaving a message with the receptionist)

María Bañuelos
Leaving a message for Jaime
Phone: 608-256-3985

RECEPCIONISTA:
¿Bueno?

CLIENTE:
Buenas tardes. ¿Está Jaime?

RECEPCIONISTA:
No, no está. ¿Quiere dejar un mensaje?

CLIENTE:
Sí. Me llamo María Bañuelos. **Quiero hacer una cita** con Jaime.

RECEPCIONISTA:
¿Cuál es su número de teléfono?

CLIENTE:
Mi número de teléfono es 608-256-3985.

RECEPCIONISTA:
Gracias. **Le voy a dar el mensaje** a Jaime.

CLIENTE:
Gracias. Adiós.

RECEPCIONISTA:
Adiós.

ACTIVIDAD:
Leave a message with the following information.

Maricela Martinez
Leaving a message for Daniela
Phone: 712-289-4813

71

HACER UNA CITA

EXAMPLE

(receptionist answers and transfers call to make the appointment)

María Bañuelos
Appointment with Mercedes
Wednesday, October 25
2:30 pm

RECEPCIONISTA:
¿Bueno?

CLIENTE:
Buenos días. **¿Está Mercedes?**

RECEPCIONISTA:
Sí. Un momento.

MERCEDES:
Hola. **Soy Mercedes.**

CLIENTE:
Hola Mercedes. Me llamo Maria Bañuelos. **Quiero hacer una cita con Usted.**

MERCEDES:
¿Cuándo **le gustaría hacer la cita**?

CLIENTE:
El miércoles, el 25 de octubre.

MERCEDES:
¿Está disponible a las 2 y media de la tarde?

CLIENTE:
Sí. Está bien.

MERCEDES:
Muy bien. ¡Hasta el miércoles!

CLIENTE:
Adiós.

ACTIVIDAD:

Make an appointment with the following information.
Maricela Martinez
Appointment with Rosario, Thursday, October 26 at 8:30 am

Dejar y escribir mensajes
(Leaving and Taking Messages)

Instrucciones: Give the following messages to your partner or make the appropriate appointments. Then listen to your partner as she gives you her messages and write them down on the following page.

Persona A

Make an appointment with Juana on Monday, May 12 at 3:00 pm.	Make an appointment with Beatriz on Tuesday, June 3 at 11:00 am.
Leave a message for Ana. You want to make an appointment on Tuesday, April 13 at 4:30 pm.	Leave a message for Susana. You want to make an appointment on Wednesday, September 13 at 12:00 noon.
Ask to talk to Cecilia. When she is on the phone, make an appointment on Friday, January 16 at 10:30 am.	Ask to talk to Teresa. When she is on the phone, make an appointment Thursday, July 20 at 1:45.

Persona B

Make an appointment with Guillermo on Monday, February 15 at 4:00 pm.	Make an appointment with Rosario on Tuesday, October 9 at 8:00 am.
Leave a message for Roberto. You want to make an appointment on Tuesday, July 28 at 2:30 pm.	Leave a message for Federico. You want to make an appointment on Wednesday, March 17 at 12:30.
Ask to talk to Jaime. When he is on the phone, make an appointment on Friday, August 30 at 10:00 am.	Ask to talk to Adán. When he is on the phone, make an appointment Thursday, December 21 at 11:45.

MENSAJES

Fecha y hora:
Para:
De parte de quién:
Mensaje:

Fecha y hora:
Para:
De parte de quién:
Mensaje:

Fecha y hora:
Para:
De parte de quién:
Mensaje:

Fecha y hora:
Para:
De parte de quién:
Mensaje:

Fecha y hora:
Para:
De parte de quién:
Mensaje:

Fecha y hora:
Para:
De parte de quién:
Mensaje:

Cuento de TPRS

CUENTO: Acentos distintos

Instrucciones: Dibuja o escribe el cuento de la clase.

Presentación

Mi familia

Instrucciones: Bring in a picture of your family or the family of a famous person. Describe who the people are, their ages, personal characteristics, what they like to do, their relationship to each other, and any other information that you would like to share. Be prepared to talk for 1-2 minutes on your family.

For example:
Mi esposo se llama Jaime. Tiene 57 años. Es alto, guapo, simpático, y trabajador. Tiene 3 hijos. Se llaman María, Quique y Guillermo. Tienen 26, 24, 21 años. Viven en Nueva York, Milwaukee, y Portland.

A todos les gusta esquiar, leer, e ir al cine. Cada año, nuestra familia va de vacaiones juntos. Vamos a un lugar diferente cada año. El año pasado, hemos ido por un crucero a Alaska. Este año, vamos a acampar en Idaho. El año próximo, vamos a Disneyworld.

Lección 8

- Presentation
- Review

Cuento de TPRS

CUENTO: Mi clase de español

Instrucciones: Dibuja o escribe el cuento de la clase.

Familias

Instrucciones: Listen to you classrmates and write down the information you hear in the table below.

Se llaman... **Tiene ___ años**	*Jaime (57)* *María (26)* *Quique (24)* *Guillermo (21)*			
Viven en...	*Nueva York* *Milwaukee* *Portland*			
Características	*Jaime es alto, guapo, simpático, y trabajador*			
Le gusta...	*A todos les gusta: esquiar, leer, e ir al cine*			
Otro:	*Van de vacaiones juntos. Han ido a Alaska y van a Idaho y Disneyworld*			

Familias

Instrucciones: Listen to you classrmates and write down the information you hear in the table below.

Se llaman... **Tiene ___ años**				
Viven en...				
Características				
Le gusta...				
Otro:				

Appendix

- Spanish Pronunciation
- Survival Words, Useful Expressions & Phrases
- Common Regular Verbs
- Excerpt from ¡A Conversar! 3
- Vocabulary by *Lección*
- TPR Stories by *Lección*
- Glossary (English - Spanish) / (español - inglés)

Pronunciación de español
(Spanish Pronunciation)

Las vocales (The Vowels)

Spanish pronunciation is actually very easy once you get the hang of it. The secret is learning the 5 vowel sounds and pronouncing them the same way each time you see the vowel.

a	(ah)	like yacht
e	(eh)	like cake
i	(ee)	like see
o	(oh)	like open
u	(oo)	like spoon

Now practice these familiar Spanish words. Remember to clearly pronounce each vowel distinctly!

a	amiga, La Bamba, salsa, cha-cha-cha
e	elefante, excelente, cerveza, tres
i	sí, gringo, Lidia, El Niño
o	ocho, no, loco, zorro, pronto
u	uno, burrito, mucho, Uruguay

Pronunciación de español
(Spanish Pronunciation)

Las consonantes (The Consonants)

The majority of the Spanish consonants sound the same in Spanish as in English. Here are some of the ones that may cause confusion.

c Has 2 sounds, like in English
1. k sound: like "c" as in cat
Ejemplos: coco, carro, Colorado, caliente

2. s sound (followed by e or i): like "c" as in celery
Ejemplos: Celia, cine, cinco, centro

g Has 2 sounds
1. g like "g" as in go
Ejemplos: guacamole, gracias, grande, gordo

2. h (followed by e or i) like the "h" sound in hello
Ejemplos: general, gente, gimnasio, gigante

h Has no sound. Don't pronounce it.
Ejemplos: hola, hoy, hasta, hospital

Otros(Others)

Letras	Sonido	Explicación	Ejemplos
j	h	Like hat	junio, Japón, jefe, joven
ll	y	Like yes	llamo, llave, lluvia, llorar
ñ	ny	Like canyon	mañana, señora, España, piña colada
qu	k	Like king	tequila, qué tal, queso, poquito
v	b	Like boy	vino, vista, viva, Victor
z	s	Like sat	Venezuela, López, cerveza, González

Pronunciación de español

Spanish Pronunciation Tips

- Try to roll your Rs for words with double Rs, "rr", or words that begin with the letter "r." (Práctica: carro, perro, rojo, rápido, ferrocarril) As an alternative, use a soft "d" sound.

- If there is an accent mark, say that section of the word with more emphasis. (Práctica: María, capitán, romántico)

- If there is no accent mark on a word and it ends in a consonant, say the last part of the word with more emphasis. (Práctica "español" and "dolor")

- If a word ends in a vowel (a, e, i, o, u), say the 2nd to last part of the word with more emphasis. (Práctica: amigo, taco, la cucaracha, enchilada)

Palabras necesarias

¿Cómo se dice _____?	*How do you say _____?*
¿Qué significa _____?	*What does _____ mean?*
No comprendo/No entiendo.	*I don't understand.*
No sé.	*I don't know.*
Repita, por favor.	*Repeat, please.*
Perdón.	*Pardon me. (for an interruption)*
Con permiso.	*Pardon me. (when trying to get through a crowd)*

Expresiones y frases útiles

Expresiones

Por supuesto	*Of course*	¿Está seguro/a?	*Are you (he/she) sure?*
Quizás	*Maybe*	¿Así?	*Like this?*
Me alegro	*I'm so glad*	Lo que quiera	*Whatever you want*
Es verdad	*That's the truth*	Tanto mejor	*All the better*
Más o menos	*More or less*	Con razón	*No wonder*
¿Está bien?	*Is that OK?*	Caramba	*Wow*
Creo que sí	*I think so*	Dios mío	*For heaven's sake*
Cómo no	*Why not*	Mentiras	*Lies*
Es posible	*Its's possible*	Basta	*Enough*
Claro	*Sure*	Vaya	*Go on*
De acuerdo	*I agree*	Qué barbaridad	*How awful*
Sin duda	*No doubt*	Qué bueno	*How great*
Depende	*That depends*	Que disfrute	*Have a good time*
¿Quién sabe?	*Who knows?*	Qué extraño	*How strange*
¿Listo?	*Are you ready?*	Qué lástima	*What a shame*
Al contrario	*On the contrary*	Que le vaya bien	*Take care*
Buena idea	*Good idea*	Qué suerte	*What luck*
Yo también	*Me, too*	Qué importa	*So what*
Yo tampoco	*Me, neither*	Qué triste	*How sad*
Ojalá	*I hope so*	Qué va	*Go on*
Ya veo	*I see*		

Más Frases...

Por eso...	*Therefore...*	A propósito...	*By the way...*
O sea...	*In other words...*	Al principio...	*At first...*
Además...	*Besides...*	Por lo menos...	*At least...*
Por fin...	*At least...*	Según...	*According to...*
Por ejemplo...	*For example...*	En general...	*In general...*
Sobre todo...	*Above all...*	Paso a paso...	*Step by step...*
Sin embargo...	*However...*	Poco a poco...	*Little by little...*
Pues...	*Well...*		

Common "Regular" Verbs
(How many do you know?)

AR VERBS				ER VERBS	
aceptar	*to accept*	besar	*to kiss*	responder	*to answer*
admirar	*to admire*	escuchar	*to listen*	creer	*to believe*
aconsejar	*to advise*	mirar	*to look at*	romper	*to break*
autorizar	*to allow*	buscar	*to look for*	traer* *(yo traigo)*	*to bring*
llegar	*to arrive*	equivocarse	*to make a mistake*	escoger	*to choose*
*estar *(yo estoy)*	*to be*	mezclar	*to mix*	toser	*to cough*
tomar	*to take*	llamar	*to call*	desaparecer	*to disappear*
respirar	*to breathe*	notar	*to note*	desobedecer	*to disobey*
cepillar	*to comb*	observar	*to observe*	beber	*to drink*
quemar	*to burn*	pintar	*to paint*	comer	*to eat*
comprar	*to buy*	pagar	*to pay*	caer* *(yo caigo)*	*to fall*
llamar	*to call*	organizar	*to organize*	suceder	*to happen*
calmar	*to calm*	preparar	*to prepare*	tener*	*to have*
verificar	*to check*	presentar	*to present*	conocer	*to know*
peinar	*to comb*	castigar	*to punish*	aprender	*to learn*
entrar	*to come in*	empujar	*to push*	deber	*to must*
comparar	*to compare*	alquilar	*to rent*	obedecer	*to obey*
continuar	*to continue*	reservar	*to reserve*	ofrecer* *(yo ofrezco)*	*to offer*
llorar	*to cry*	descansar	*to rest*	prometer	*to promise*
cortar	*to cut*	enviar	*to envy*	poner* *(yo pongo)*	*to put*
detestar	*to detest*	separar	*to separate*	leer	*to read*
divorciar	*to divorce*	quedar	*to stay*	reconocer* *(yo reconozco)*	*to recognize*
dibujar	*to draw*	estudiar	*to study*		
secar	*to dry off*	lograr	*to earn*	parecer	*to seem*
borrar	*to erase*	nadar	*to swim*	vender	*to sell*
examinar	*to examine*	tomar	*to take*		
explicar	*to explain*	pasear	*to take a walk*	IR VERBS	
llenar	*to fill*	hablar	*to talk*	asistir a	*to attend*
acabar	*to finish*	echar	*to throw*	describir	*to describe*
olvidar	*to forget*	delinear	*to trace*	destruir	*to destroy*
engordar	*to gain weight*	viajar	*to travel*	ir*	*to go*
levantarse	*to lift*	apagar	*to turn off*	salir* *(yo salgo)*	*to go out*
dar	*to give*	esperar	*to wait*	subir	*to go up*
regresar	*to go back*	caminar	*to walk*	abrir	*to open*
odiar	*to hate*	lavar	*to wash*	decir* *(yo digo)*	*to say*
calentar	*to heat*	mirar	*to watch*	servir	*to serve*
esperar	*to hope*	llevar	*to wear*	compartir	*to share*
identificar	*to identify*	secar	*to dry*	sugerir	*to suggest*
informar	*to inform*	preocupar	*to worry*	escribir	*to write*
invitar	*to invite*	gritar	*to yell*	vivir	*to live*

86

EXCERPT FROM ¡A CONVERSAR! 3

Community

How many do you know?

edificios	lugares
banco	aeropuerto
biblioteca	acera
cine	barrio
correos	calle
escuela	carretera
estación de policía	centro
fábrica	comunidad
farmacia	cuadra
gasolinera	esquina
hospital	estacionamiento
iglesia	metro
museo	parada de autobuses
oficina	parque
restaurante	pueblo
tienda	puente

See? Spanish is easier than you think!

Community

Instrucciones: In pairs, interview your partner to find our more about his/her interests in your community. Be prepared to share with the class.

¿Dónde está tu lugar favorito en tu comunidad?

¿Por qué te gusta ir a este lugar?

¿A quién le gusta ir?

¿Cúando te gusta ir?

¿Cuánto cuesta?

Instrucciones: Brainstorm different communities in which you belong and place in the first column below.

What "good" things do you predict will happen in these communities "hoy", "mañana," el año próximo," y "en mi vida." (Use the "easy future tense" - "ir" + a + infinitive.)

COMUNIDAD	HOY	MAÑANA	AÑO PRÓXIMO	EN MI VIDA

Preguntas de la comunidad
(Question Words)

Instrucciones: Escribe en ingles las siguientes palabras.

¿Qué?	
¿Cómo?	
¿Cuál?	
¿Quién?	
¿Por qué?	
¿Cuándo?	
¿Dónde?	
¿Cuánto?	

Instrucciones: Using the above words, ask as many questions as possible from pictures of your local community.

Por ejemplo:

¿Dónde está?
¿Cuándo es la foto? ¿En la primavera? ¿En el verano?
¿De qué es la foto?

Level 1 Review

Greetings and Introductions

Hello
What is your name?
My name is _____.
Good morning
Good afternoon
Good evening
How are you?
How are you?
Very well.
Well
Fine
OK
Fine
Not well
Very badly
What's up?
All's well
Nothing
Where are you from?
I'm from Puerto Rico.
Do you speak English?
Do you speak Spanish?
Yes
A little
Very little
No

Saludos e introducciones

Hola
¿Cómo te llamas?
Me llamo _____.
buenos días
buenas tardes
buenas noches
¿Cómo estás?
¿Qué tál?
Muy bien
Bien
Más o menos
Así así
Regular
Mal
Muy mal
¿Qué pasa?
Todo bien
Nada
¿De dónde eres?
Soy de (Puerto Rico).
¿Hablas inglés?
¿Hablas español?
Sí
Un poco
Un poquito
No

Colors

red
blue
green
yellow
white
black
purple
pink
orange
brown

Colores

rojo
azul
verde
amarillo
blanco
negro
morado
rosado
naranja/anaranjado
café / pardo / marrón

Numbers

zero
one
two
three
four
five
six
seven
eight
nine

Los números

cero
uno
dos
tres
cuatro
cinco
seis
siete
ocho
nueve

ten	diez
eleven	once
twelve	doce
thirteen	trece
fourteen	catorce
fifteen	quince
sixteen	diez y seis
seventeen	diez y siete
eighteen	diez y ocho
nineteen	diez y nueve
twenty	veinte
thirty	treinta
fourty	cuarenta
fifty	cincuenta
sixty	sesenta
seventy	setenta
eighty	ochenta
ninety	noventa
one hundred	cien / ciento
one thousand	mil
What is the phone number of ___?	¿Cuál es el número de teléfono de ____?
The phone number is ____.	El número de teléfono es ____.

Time / La hora

What time is it?	¿Qué hora es?
It is 1:00	Es la una.
It is 1:10	Es la una y diez.
It is 3:00	Son las tres.
It is 5:20	Son las cinco y veinte.
It is 8:15	Son las ocho y quince.
It is 8:15	Son las ocho y cuarto.
It is 10:30	Son las diez y treinta
It is 10:30	Son las diez y media.
It is 5:50	Son las seis menos diez.
It is 10:40	Son las once menos veinte.
At what time?	¿A qué hora?
At 3 o'clock.	A las tres.
What time is the concert?	¿A qué hora es el concierto?
At 8:00	A las ocho.
noon	mediodía
midnight	medianoche
in the morning	de la mañana
in the afternoon	de la tarde
at night	de la noche

Lección 1

Seasons and Months

spring
summer
fall
winter
January
February
March
April
May
June
July
August
September
October
November
December

Estaciones y meses

primavera
verano
otoño
invierno
enero
febrero
marzo
abril
mayo
junio
julio
agosto
septiembre
octubre
noviembre
diciembre

Days of the Week

Monday
Tuesday
Wednesday
Thursday
Friday
Saturday
Sunday

Los días de la semana

lunes
martes
miércoles
jueves
viernes
sábado
domingo

Date

September 2nd
December 24th
June 15th
When is…
today
yesterday
tomorrow
weekend
schedule

Fecha

el 2 de septiembre
el 24 de diciembre
el 15 de junio
¿Cuándo es _____?
hoy
ayer
mañana
fin de semana
horario

Lección 2

Clothing

shoes
pants
dress
skirt
shorts
blouse
jacket
slippers
swimsuit
shirt
sweatshirt
socks
sweater
T-shirt
belt
hat
baseball hat
ski cap
umbrella
glasses
purse
tie
gloves
bracelet
earrings
necklace
wallet

Ropa

zapatos
pantalones
vestido
falda
pantalones cortos
blusa
chaqueta
zapatillas
traje de baño
camisa
sudadera
calcetines
suéter
camiseta
cinturón
sombrero
gorra (de béisbol)
gorro (de esquí)
paraguas
gafas/lentes
bolso/a
corbata
guantes
pulsera
aretes
collar
cartera

Directions

to the right
to the left
straight ahead
under
on top of
next to
in front of
behind
close to
far from
here
there
continue…
turn…
Walk 3 blocks.
It is…
very close
over there
in front of
behind
2 blocks from

Las direcciones

a la derecha
a la izquierda
derecho
debajo de
encima de
al lado de
delante
detrás
cerca de
lejos de
aquí
allá
sigue…
dobla …
Camina tres cuadras.
Está …
muy cerca
allá
enfrente de…
detrás de …
a dos cuadras de …

Lección 3

Simple Future Tense & Activities

You are going to….
I am going to…
What are you going to do this weekend?
play golf
listen to music
eat
watch football
travel
cook
read
work in the garden
be alone
play basketball
play an instrument
go to the movies
play with computers
work
write
be with my family

Reactions

You don't say.
Me too.
Really?

Weather

It's sunny.
Its cloudy.
Its windy.
Its raining.
Its snowing.
The weather is nice.
The weather is bad.
Are you hot?
Yes, I am hot.
No, I am not hot.
Are you cold?
Yes, I am cold.
No, I am not cold.

Vacation Activity

What is the weather like now?
When are you going on vacation?
Where are you going on vacation?
What are you going to do during your vacation?
What clothes are you going to wear?

Futuro Simple y Actividades

Vas a _____
Voy a _____
¿Qué vas a hacer este fin de semana?
jugar al golf
escuchar música
comer
mirar fútbol americano
viajar
cocinar
leer
trabajar en el jardín
estar sólo
jugar al baloncesto
tocar un instrumento
ir al cine
jugar con computadoras
trabajar
escribir
estar con mi familia

Reacciones

No me digas
Yo también.
¿De verdad?

El tiempo

Hace sol.
Está nublado.
Hace viento.
Llueve.
Nieva.
Hace buen tiempo.
Hace mal tiempo.
¿Tienes calor?
Sí, tengo calor.
No, no tengo calor.
¿Tienes frío?
Sí, tengo frío.
No, no tengo frío.

Actividad de vacaciones

¿Cómo está el tiempo ahora?
¿Cuándo vas de vacaciones?
¿Adónde vas de vacaciones?
¿Qué vas a hacer durante tus vacaciónes?
¿Qué ropa vas a llevar?

Lección 4

Shopping

Prices
How much does it cost?
It costs….
The cilantro costs 6 pesos.
The potatoes cost 8 pesos.
Do you have…?
Yes, I have…
No, I do not have…
Is there…?
Yes, there is…
No, there is not…

Likes

I like
He/she/you like
Do you like/Does he/she like
Yes, I like…
No, I do not like…
What do you like to do?
read
eat
play
watch
basketball
golf
baseball
soccer
football
tennis
watch tv
go to the movies
play piano
work in the garden
be with my family
exercise
travel
cook
spend time with friends

Ir de compras

Precios
¿Cuánto cuesta/n?
Cuesta/n _____.
El cilantro cuesta 6 pesos.
Las papas cuestan 8 pesos.
¿Tiene _____?
Sí, tengo _____.
No, no tengo _____.
Hay _____?
Sí, hay _____.
No, no hay _____.

Gustos

Me gusta
Le gusta
¿Le gusta _____ ?
Sí, me gusta _____.
No, no me gusta ____.
¿Qué te gusta hacer?
leer
comer
jugar
mirar
baloncesto
golf
beísbol
fútbol
fútbol americano
tenis
mirar la televisión
ir al cine
tocar el piano
trabajar en el jardín
estar con mi familia
hacer ejercicio
viajar
cocinar
estar con amigos

Lección 5

Family

grandfather
grandmother
father
mother
son
daughter
brother
sister
grandson
granddaughter
uncle
aunt
cousin
nephew
niece
spouse
godfather
godmother
relatives
step-father
step-mother
step-son
step-daughter
step-brother
step-sister

Familia

abuelo
abuela
padre
madre
hijo
hija
hermano
hermana
nieto
nieta
tío
tía
primo/a
sobrino
sobrina
esposo/a
padrino
madrina
parientes
padrastro
madrastra
hijastro
hijastra
hermanstro
hermanstra

Descriptions of People

tall
nice
artistic
short
pretty
quiet
caring
disorganized
ugly
generous
good looking
funny
impatient
intelligent
young
organized
patient
lazy
serious
nice
sociable
stingy
hard-working
old

Descripciones de personas

alto
amable
artístico
bajo
bonito
callado
cariñoso
desordenado
feo
generoso
guapo
gracioso
impaciente
inteligente
joven
ordenado
paciente
perezoso
serio
simpático
sociable
tacaño
trabajador
viejo

Lección 6

Restaurant
fork
plate
glass
knife
spoon
napkin

Useful expressions
Bring me…., please.
I want…, please
I would like…, please.
Do you have….?

Parts of the Body
face
forehead
hair
nose
eye
ear
teeth
mouth
chin
neck
lips
elbow
hand
shoulder
head
finger
wrist
arm
back
behind
leg
knee
foot
ankle
toe

Doctor
What hurts?
My ____ hurts.
His ____ hurts.
Does your arm hurt?
Take 2 aspirins and call me tomorrow.
You need to rest more.
You need to eat more.
You need ….
You must…
You must…

El restaurante
tenedor
plato
vaso
cuchillo
cuchara
servilleta

Expresiones útiles
Me trae _____, por favor.
Quiero _____, por favor.
Quisiera _____, por favor.
¿Tiene _____?

Partes del cuerpo
cara
frente
pelo
nariz
ojo
oreja
dientes
boca
barbilla
cuello
labios
codo
mano
hombro
cabeza
dedo
muñeca
brazo
espalda
trasero
pierna
rodilla
pie
tobillo
dedo del pie

El médico
¿Qué te duele?
Me duele/n _____
Le duele/n _____
¿Te duele el brazo?
Toma 2 aspirinas y llámame mañana.
Necesitas descansar más.
Necesitas comer más.
Necesitas _____
Hay que _____
Tienes que _____

Lección 7

Telephone Calls

Hello? (Mexico)

Hello? (Spain)

I would like to make an appointment.

Who's calling?

Are you available on Monday?

Is Mercedes there?

Yes, she's here.

No, she is not here.

Woud you like to leave a message?

I'll give the message to Jaime.

Llamadas telefonicas

¿Bueno?

¿Dígame?

Me gustaría hacer una cita

¿De parte de quién?

¿Está disponible el lunes?

¿Está Mercedes?

Si, ella está aquí.

No, ella no está aquí.

¿Quiere dejar un mensaje?

Le voy a dar el mensaje a Jaime.

Cuentos de TPR

Lección 1 - El papá y el chico

Hay una familia. En la familia hay un padre y un chico. El padre siempre le dice, "levántate, baila, y siéntate" al chico. Al chico no le gusta bailar. El padre está contento. El chico no está contento.

Lección 2 – La mujer elegante

Hay una mujer. Le gusta mucho la ropa. Le gusta estar muy bonita. Lleva ropa muy elegante. Lleva vestidos. Lleva faldas. Lleva _____. Y lleva _____. Sus amigas están celosas.

Lección 3 – El hombre guapo

Hay un hombre. Se llama _____. Es muy guapo y le gusta llevar ropa elegante. Cuando hace frío y hace mal tiempo, lleva un suéter, pantalones, zapatos, y _____. Cuando hace calor y hace buen tiempo, lleva pantalones cortos, una camiseta, ___, y ___.

A las chicas les gusta a _____ porque es muy guapo. Hay chicas en todas partes. Hay chicas a la derecha de ___, a la izquierda de ____, detrás de ___, y delante de ____.

Lección 4 – Mis vacaciones

En una semana, voy de vacaciones. Me gustaría ir a Cancún. Allí, hace sol y hace calor. Hay playas bonitas y puedo llevar mi traje de baño todo el día. No es muy caro tampoco. Hay mercados que tienen muchas gangas.

También, hay muchas ruinas de los mayas. Voy a visitar Chichén Itzá y Tulúm. Mis amigos me dicen que las ruinas son muy bonitas.

Lección 5 – La familia

Hay una familia. La madre se llama _____. Le gusta mucho ir de compras. Compra ropa, _____, y _____.

Tiene un esposo. Se llama _____. Es muy tacaño. Siempre le pregunta, "Cuánto cuesta la ropa?" "¿Cuánto cuesta _____? ¿Cuánto cuesta _____?

Los hijos no están contentos porque los padres siempre gritan. Un día, los hijos les dicen, "Basta ya!" Ahora, el padre le da todo el dinero a la madre. Y a la madre no le gusta ir de compras. Todos están contentos.

Lección 6 - El restaurante mexicano

A mi esposo y yo nos gusta ir a restaurantes para comer. Nuestro restaurante favorito se llama "La Hacienda" en la calle _____. Hay otros restaurantes mexicanos, pero no son buenos.

Hay un restaurante en particular que siempre le falta algo. Por ejemplo, si hay un tenedor, no hay un cuchillo. Si hay una servilleta, no hay una cuchara. Y si hay un plato, no hay vaso. Preferimos La Hacienda. Es nuestro favorito.

Lección 7 - Acentos distintos

Trabajo en una compañía donde llamo a muchas personas latinas. Es muy interesante porque todos tienen un acento distinto. Y todos contestan el teléfono un poco distinto.

Por ejemplo, cuando llamo a un mexicano, dice, "¿Bueno?" Cuando llamo a un cubano, dice, "¿Oigo?" Y si llamo a un español, dice, "¿Dígame?" Mi trabajo es muy interesante. Me encanta hablar con todas las personas distintas.

Lección 8 – Mi clase de español

¡He aprendido mucho en esta clase! He repasado Nivel 1: los saludos, los colores, los números, las preguntas, y la hora. También, ¡he aprendido muchas expresiones y frases útiles! Por ejemplo, ahora puedo decir "¡Por supuesto!" y "¡Yo también!

Yo sé los meses, los días, y cómo decir la fecha. He repasado el vocabulario de la familia, pero ahora, yo sé las descripciones. ¡Puedo describir a mi familia loca! Hay muchas palabras nuevas en esta clase, pero lo más importante para mí es…

Glossary: English - Spanish

a little	un poco	ear	oreja
above all…	sobre todo…	earrings	aretes
according to…	según…	eat	comer
all the better	tanto mejor	eight	ocho
all's well.	todo bien	eighteen	diez y ocho
ankle	tobillo	eighty	ochenta
april	abril	elbow	codo
arm	brazo	eleven	once
artistic	artístico	enough	basta
at 3 o'clock	a las tres	exercise	hacer ejercicio
at 8:00	a las ocho	expressions	expresiones
at first…	al principio…	eye	ojo
at least…	por lo menos	face	cara
at night	de la noche	fall	otoño
at what time?	¿a qué hora?	family	familia
August	agosto	far from	lejos de
aunt	tía	father	padre
back	espalda	February	febrero
baseball	béisbol	fifteen	quince
baseball hat	gorra (de béisbol)	fifty	cincuenta
basketball	baloncesto	fine	más o menos
be alone	estar solo	fine	regular
be with my family	estar con mi familia	finger	dedo
behind	detrás de	five	cinco
behind	trasero	foot	pie
belt	cinturón	football	fútbol americano
besides…	además…	for example…	por ejemplo…
black	negro	for heaven's sake	dios mío
blouse	blusa	forehead	frente
blue	azul	fork	tenedor
bracelet	pulsera	four	cuatro
bring me	me trae	fourteen	catorce
brother	hermano	fourty	cuarenta
brown	café/pardo/marrón	Friday	viernes
by the way…	a propósito…	funny	gracioso
caring	cariñoso	generous	generoso
chin	barbilla	glass	vaso
close to	cerca de	glasses	gafas/lentes
clothing	ropa	gloves	guantes
colors	colores	go on	que va
continue…	sigue…	go to the movies	ir al cine
cook	cocinar	godfather	padrino
cousin	primo/a	godmother	madrina
date	fecha	golf	golf
daughter	hija	good afternoon	buenas tardes
days of the week	los días de la semana	good evening	buenas noches
December	diciembre	good idea	buena idea
December 24th	el 24 de diciembre	good looking	guapo
directions	direcciones	good morning	buenos días
disorganized	desordenado	granddaughter	nieta
dress	vestido	grandfather	abuelo

101

grandmother	abuela	its snowing	nieva
grandson	nieto	it's sunny	hace sol
green	verde	its windy	hace viento
greetings	saludos	jacket	chaqueta
hair	pelo	January	enero
hand	mano	July	julio
hard-working	trabajador	June	junio
hat	sombrero	knee	rodilla
have a good time	que disfrute	knife	cuchillo
he/she/you like	le gusta	lazy	perezoso
head	cabeza	leg	pierna
hello	hola	lies	mentiras
hello? (mexico)	¿bueno?	like this?	¿así?
hello? (spain)	¿dígame?	likes	gustos
here	aquí	lips	labios
his _____ hurts	le duele/n _____	listen to music	escuchar música
How are you?	¿Cómo estás?	little by little…	poco a poco…
How are you?	¿Qué tál?	March	marzo
how awful	qué barbaridad	may	mayo
How do you say _____?	¿Cómo se dice ___?	maybe	quizás
how great	qué bueno	me, neither	yo tampoco
How much does it cost?	¿Cuánto cuesta/n?	me, too	yo también
How much?	¿Cuánto?	midnight	medianoche
how sad	qué triste	Monday	lunes
how strange	qué extraño	more or less	más o menos
How?	¿Cómo?	mother	madre
however…	sin embargo…	mouth	boca
I agree	de acuerdo	my _____ hurts.	me duele/n _____
I am	soy o estoy	my name is _____	me llamo _____
I am going…	voy a _____	napkin	servilleta
I don't know	no sé	neck	cuello
I don't understand	no comprendo	necklace	collar
I have	tengo	nephew	sobrino
I hope so	ojalá	next to	al lado de
I like	me gusta	nice	amable
I need	necesito	nice	simpático
I see	ya veo	niece	sobrina
I think so	creo que sí	nine	nueve
I want	quiero	nineteen	diez y nueve
I would like	quisiera	ninety	noventa
I'm so glad	me alegro	no	no
I'm from (Puerto Rico)	soy de (Puerto Rico)	no doubt	sin duda
impatient	impaciente	no wonder	con razón
in front of	delante de	noon	mediodía
in front of	enfrente de	nose	nariz
in general…	en general…	not well	mal
in other words…	o sea…	nothing	nada
in the afternoon	de la tarde	November	noviembre
in the morning	de la mañana	numbers	números
intelligent	inteligente	October	octubre
is that ok?	¿está bien?	of course	por supuesto
its cloudy	está nublado	ok	así así
its possible	es posible	old	viejo
its raining	llueve	on the contrary	al contrario

on top of	encima de	socks	calcetines
one	uno	son	hijo
one hundred	cien / ciento	spend time with friends	estar con amigos
one thousand	mil	spoon	cuchara
orange	naranja/anaranjado	spouse	esposo/a
organized	ordenado	spring	primavera
over there	allá	step by step	paso a paso
pants	pantalones	step-brother	hermanstro
pardon me	perdón	step-daughter	hijastra
pardon me	con permiso	step-father	padrastro
parts of the body	partes del cuerpo	step-mother	madrastra
patient	paciente	step-sister	hermanstra
pink	rosado	step-son	hijastro
plate	plato	stingy	tacaño
play / watch	jugar / mirar	straight ahead	derecho
play an instrument	tocar un instrumento	summer	verano
play basketball	jugar al baloncesto	Sunday	domingo
play golf	jugar al golf	sure	claro
play piano	tocar el piano	survival words	palabras necesarias
play with computers	jugar con computadoras	sweater	suéter
pretty	bonito	sweatshirt	sudadera
prices	precios	swimsuit	traje de baño
purple	morado	take care	que le vaya bien
purse	bolsa	tall	alto
quiet	callado	teeth	dientes
read	leer	telephone calls	llamadas telefónicas
really?	¿de verdad?	ten	diez
red	rojo	tennis	tenis
relatives	parientes	that depends	depende
repeat, please	repite, por favor	that's the truth	es verdad
restaurant	restaurante	there	allí
Saturday	sábado	there is/there are	hay
schedule	horario	therefore…	por eso…
September	septiembre	thirteen	trece
serious	serio	thirty	treinta
seven	siete	three	tres
seventeen	diez y siete	Thursday	jueves
seventy	setenta	tie	corbata
shirt	camisa	to the left	a la izquierda
shoes	zapatos	to the right	a la derecha
shopping	ir de compras	today	hoy
short	bajo	toe	dedo del pie
shorts	pantalones cortos	tomorrow	mañana
shoulder	hombro	travel	viajar
sister	hermana	t-shirt	camiseta
six	seis	Tuesday	martes
sixteen	diez y seis	turn…	dobla…
sixty	sesenta	twelve	doce
ski cap	gorro (de esquí)	twenty	veinte
skirt	falda	two	dos
slippers	zapatillas	ugly	feo
so what	qué importa	umbrella	paraguas
soccer	fútbol	uncle	tío
sociable	sociable	under	debajo de

103

very badly	muy mal
very close	muy cerca
very little	un poquito
very well	muy bien
wallet	cartera
watch football	mirar fútbol americano
watch tv	mirar la televisión
weather	tiempo
Wednesday	miércoles
weekend	fin de semana
well	bien
well…	pues…
what a shame	qué lástima
what luck	qué suerte
What time is it?	¿Qué hora es?
What?	¿Qué?
whatever you want	lo que quieras
What's up?	¿Qué pasa?
When?	¿Cuándo?
Where are you from?	¿De dónde eres?
Which?	¿Cuál?
white	blanco
Who knows?	¿Quién sabe?
Who?	¿Quién?
Who's calling?	¿De parte de quién?
Why not?	¿Cómo no?
winter	invierno
work	trabajar
work in the garden	trabajar en el jardín
wow	caramba
wrist	muñeca
write	escribir
yellow	amarillo
yes	sí
yesterday	ayer
you are	eres o estás
you are going….	vas a …
you don't say	no me digas
you have	tienes
you must…	hay que …
you must…	tienes que …
you need	necesitas
you want	quieres
young	joven
zero	cero

Glosario: español - inglés

a dos cuadras de…	two blocks from…
a la derecha	to the right
a la izquierda	to the left
a las ocho	at 8:00
a las tres	at 3 o'clock
a propósito…	by the way…
¿A qué hora es el concierto?	What time is the concert?
¿A qué hora?	At what time?
abril	April
abuela	grandmother
abuelo	grandfather
además…	besides…
¿Adónde vas de vacaciones?	Where are you going on vacation?
agosto	August
al contrario	on the contrary
al lado de	next to
al principio…	at first…
allá	over there
allí	there
alto	tall
amable	nice
amarillo	yellow
aquí	here
aretes	earrings
artístico	artistic
así así	ok
¿así?	like this?
ayer	yesterday
azul	blue
bajo	short
baloncesto	basketball
barbilla	chin
basta	enough
béisbol	baseball
bien	well
blanco	white
blusa	blouse
boca	mouth
bolsa	purse
bonito	pretty
brazo	arm
buena idea	good idea
buenas noches	good evening
buenas tardes	good afternoon
¿Bueno?	Hello? (Mexico)
buenos días	good morning
cabeza	head
café	brown
calcetines	socks
callado	quiet
camina tres cuadras	walk 3 blocks
camisa	shirt
camiseta	T-shirt
cara	face
caramba	wow
cariñoso	caring
cartera	wallet
catorce	fourteen
cerca de	close to
cero	zero
chaqueta	jacket
cien / ciento	one hundred
cinco	five
cincuenta	fifty
cinturón	belt
claro	sure
cocinar	cook
codo	elbow
collar	necklace
colores	colors
comer	eat
¿Cómo está el tiempo ahora?	What is the weather like now?
¿Cómo estás?	How are you?
¿cómo no?	why not?
¿Cómo se dice ____?	How do you say _____?
¿Cómo te llamas?	What is your name?
¿Cómo?	How?
con permiso	pardon me
con razón	no wonder
corbata	tie
creo que sí	I think so
¿Cuál es el número de teléfono de ____?	What is the phone number of ___?
¿Cuál?	Which?
¿Cuándo es _____?	When is _____?
¿Cuándo vas de vacaciones?	When are you going on vacation?
¿Cuándo?	When?
¿Cuánto cuesta/n?	How much does it cost?
¿Cuánto?	How much?
cuarenta	fourty
cuatro	four
cuchara	spoon
cuchillo	knife
cuello	neck
cuesta/n …	it costs…
de acuerdo	I agree
¿De dónde eres?	Where are you from?
de la mañana	in the morning
de la noche	at night
de la tarde	in the afternoon
¿De parte de quién?	Who's calling?
¿de verdad?	really?
debajo de	under
dedo	finger
dedo del pie	toe
delante	in front of
depende	that depends
derecho	straight ahead
desordenado	disorganized
detrás de…	behind…
días de la semana	days of the week
diciembre	December
dientes	teeth
diez	ten
diez y nueve	nineteen
diez y ocho	eighteen
diez y seis	sixteen
diez y siete	seventeen

105

¿Dígame?	Hello? (Spain)
dios mío	for heaven's sake
direcciones	directions
dobla…	turn…
doce	twelve
domingo	Sunday
dos	two
el 15 de junio	June 15th
el 2 de septiembre	September 2nd
el 24 de diciembre	December 24th
el número de teléfono	the phone number is ___
es _	
en general…	in general…
encima de	on top of
enero	January
enfrente de …	in front of…
eres o estas	you are
es la una	it is 1:00
es la una y diez	it is 1:10
es posible	its possible
es verdad	that's the truth
escribir	write
escuchar música	listen to music
espalda	back
esposo/a	spouse
está …	it is…
¿Está bien?	Is that ok?
¿Está disponible el lunes?	Are available on Monday?
¿Está Mercedes?	Is Mercedes there?
está nublado	its cloudy
estación	Season
estar con amigos	spend time with friends
estar con mi familia	be with my family
estar sólo	be alone
¿estás seguro?	are you sure?
expresiones	expressions
falda	skirt
familia	family
febrero	February
fecha	date
feo	ugly
fin de semana	weekend
frente	forehead
fútbol	soccer
fútbol americano	football
gafas/lentes	glasses
generoso	generous
golf	golf
gorra (de béisbol)	baseball hat
gorro (de esquí)	ski cap
gracioso	funny
guantes	gloves
guapo	good looking
gustos	likes
¿Hablas español?	Do you speak Spanish?
¿Hablas inglés?	Do you speak English?
hace buen tiempo	the weather is nice
hace mal tiempo	the weather is bad
hace sol	it's sunny
hace viento	its windy

hacer ejercicio	exercise
hay	there is/there are
hay que …	you must…
¿Hay…?	Is there…?
hermana	sister
hermano	brother
hermanstra	step-sister
hermanstro	step-brother
hija	daughter
hijastra	step-daughter
hijastro	step-son
hijo	son
hola	hello
hombro	shoulder
hora	time
horario	schedule
hoy	today
impaciente	impatient
inteligente	intelligent
invierno	winter
ir al cine	go to the movies
ir de compras	shopping
joven	young
jueves	Thursday
jugar / mirar	play / watch
jugar al baloncesto	play basketball
jugar al golf	play golf
jugar con computadoras	play with computers
julio	July
junio	June
labios	lips
le duele/n _____	his ____ hurts
le gusta	he/she/you like
¿Le gusta _____ ?	Do you like/does he/she like
le voy a dar el mensaje a	I'll give the message to
leer	read
lejos de	far from
¿listo?	are you ready?
llamadas telefónicas	telephone calls
llueve	its raining
lo que quieras	whatever you want
lunes	Monday
madrastra	step-mother
madre	mother
madrina	godmother
mal	not well
mañana	tomorrow
mano	hand
marrón	brown
martes	Tuesday
marzo	March
más o menos	more or less
mayo	May
me alegro	I'm so glad
me duele/n _____	my ____ hurts
me gusta	I like
me gustaría hacer una cita	I would like to make an appointment
me llamo _____	my name is ____
me trae …, por favor	bring me…, please

medianoche	midnight	poco a poco…	little by little…
médico	doctor	por ejemplo…	for example…
mediodía	noon	por eso…	therefore…
mentiras	lies	por lo menos...	at least…
mes	Month	por supuesto	of course
miércoles	Wednesday	precios	prices
mil	one thousand	primavera	spring
mirar fútbol americano	watch football	primo/a	cousin
mirar la televisión	watch tv	pues…	well…
morado	purple	pulsera	bracelet
muñeca	wrist	qué barbaridad	how awful
muy bien	very well	qué bueno	how great
muy cerca	very close	que disfrute	have a good time
muy mal	very badly	qué extraño	how strange
nada	nothing	¿Qué hora es?	What time is it?
naranja/anaranjado	orange	qué importa	so what
nariz	nose	qué lástima	what a shame
necesitas	you need	que le vaya bien	take care
necesitas comer más	you need to eat more	¿Qué pasa?	What's up?
necesitas descansar más	you need to rest more	¿Qué significa ____?	What does ____ mean?
necesito	I need	qué suerte	what luck
negro	black	¿Qué tál?	How are you?
nieta	granddaughter	¿Qué te duele?	What hurts?
nieto	grandson	¿Qué te gusta hacer?	What do you like to do?
nieva	its snowing	qué triste	how sad
no	no	¿Qué?	What?
no comprendo/no entiendo	I don't understand	¿Quién sabe?	Who knows?
no me digas	you don't say	¿Quién?	Who?
no sé	I don't know	¿Quiere dejar un mensaje?	Would you like to leave a message?
noventa	ninety	quieres	you want
noviembre	November	quiero	I want
nueve	nine	quince	fifteen
números	numbers	quisiera... por favor	I would like…, please
o sea…	in other words…	quizás	maybe
ochenta	eighty	reacciones	reactions
ocho	eight	regular	fine
octubre	October	repite, por favor	repeat, please
ojalá	I hope so	restaurante	restaurant
ojo	eye	rodilla	knee
once	eleven	rojo	red
ordenado	organized	ropa	clothing
oreja	ear	rosado	pink
otoño	fall	sábado	Saturday
paciente	patient	saludos	greetings
padrastro	step-father	según…	according to…
padre	father	seis	six
padrino	godfather	septiembre	September
pantalones	pants	serio	serious
pantalones cortos	shorts	servilleta	napkin
paraguas	umbrella	sesenta	sixty
pardo	brown	setenta	seventy
parientes	relatives	sí	yes
partes del cuerpo	parts of the body	siete	seven
paso a paso…	step by step…	sigue…	continue…
pelo	hair	simpático	nice
perdón	pardon me	sin duda	no doubt
perezoso	lazy	sin embargo…	however…
pie	foot	sobre todo…	above all…
pierna	leg	sobrina	niece
plato	plate		

107

sobrino	nephew
sociable	sociable
sombrero	hat
Soy de (Puerto Rico)	I'm from Puerto Rico
soy	I am
sudadera	sweatshirt
suéter	sweater
tacaño	stingy
tanto mejor	all the better
¿Te duele el brazo?	Does your arm hurt?
tenedor	fork
tengo	I have
tengo calor	I am hot
tengo frío	I am cold
tenis	tennis
tía	aunt
tiempo	weather
¿Tiene ...?	Do you have...?
tienes	you have
¿Tienes calor?	Are you hot?
¿Tienes frío?	Are you cold?
tienes que ...	you must...
tío	uncle
tobillo	ankle
tocar el piano	play piano
tocar un instrumento	play an instrument
todo bien	all's well
toma 2 aspirinas y	take 2 aspirins and call
llámame mañana	me tomorrow
trabajador	hard-working
trabajar	work
trabajar en el jardín	work in the garden
traje de baño	swimsuit
trasero	behind
trece	thirteen
treinta	thirty
tres	three
un poco	a little
un poquito	very little
uno	one
Vas a ...	You are going...
vaso	glass
veinte	twenty
verano	summer
verde	green
vestido	dress
viajar	travel
viejo	old
viernes	Friday
Voy a ...	I am going...
ya veo	I see
yo también	me too
yo tampoco	me, neither
zapatillas	slippers
zapatos	shoes

108

About Pronto Spanish

www.prontospanish.com

At Pronto Spanish, we believe that:

- People can learn another language efficiently and effectively in an enjoyable, relaxed, and low-key atmosphere.

- Communication among people is the key to peace and harmony in neighborhoods, in the workplace and beyond. Language barriers can and should be broken down.

- All people, regardless of national origin, sex, gender, race, orientation or ethnicity, deserve to be treated with respect and dignity and at all times.

To learn more about our products below, please visit our website at www.prontospanish.com.

Title	ISBN 13	ISBN 10
¡A Conversar! 1 Student Workbook w/Audio CD	978-0-9777727-0-4	0-9777727-0-5
¡A Conversar! 1 Instructor's Guide	978-0-9777727-1-1	0-9777727-1-3
¡A Conversar! 2 Student Workbook w/Audio CD	978-0-9777727-2-8	0-9777727-2-1
¡A Conversar! 2 Instructor's Guide	978-0-9777727-3-5	0-9777727-3-X
¡A Conversar! 3 Student Workbook w/Audio CD	978-0-9777727-4-2	0-9777727-4-8
¡A Conversar! 3 Instructor's Guide	978-0-9777727-5-9	0-9777727-5-6
¡A Conversar! 4 Student Workbook w/Audio CD	978-0-9777727-6-6	0-9777727-6-4
¡A Conversar! 4 Instructor's Guide	978-0-9777727-7-3	0-9777727-7-2
¡A Conversar! A Spanish Conversation Course: Student Workbook w/Audio CDs	978-0-9777727-8-0	0-9777727-8-0
¡A Conversar! A Spanish Conversation Course: Instructor's Guide	978-0-9777727-9-7	0-9777727-9-9

About the Author

Tara Bradley Williams, founder of **Pronto Spanish** and author of the **¡A Conversar!** series has many years of Spanish teaching experience at the high school and community college levels. Through her teaching, she found that many students simply wanted to learn Spanish in an enjoyable way in order to communicate on a basic level without having to learn grammar rules taught in a traditional academic setting. Pronto Spanish and ¡A Conversar! was created just for these people.

Tara has a BA degree in Spanish and Sociology from St. Norbert College and a MA in Higher Education and Adult Studies from the University of Denver. She has studied Spanish at the Universidad de Ortega y Gasset, in Toledo, Spain and has lived and traveled extensively in Spain and Latin America. Tara currently lives in Wisconsin with her husband and three children.

¡A CONVERSAR! 2 Audio Downloads

Go to www.ProntoSpanish.com to download audio files for the Spanish vocabulary and stories found in ¡A Conversar! Level 2.

1- Introduction

Review of Level 1
2 - Greetings & Introductions
3 - Colors
4 - Numbers
5 - Time

Lección 1
6 - Seasons & Months
7 - Days of the Week
8 - Date
9 - Story

Lección 2
10 - Clothing
11 - Directions
12 - Story

Lección 3
13 - Simple Future Tense & Activities
14 - Weather
15 - Vacation Activity
16 - Story

Lección 4
17 - Shopping
18 - Likes
19 - Story

Lección 5
20 - Family
21 - Descriptions of People
22 - Story

Lección 6
23 - Restaurant
24 - Parts of the Body
25 - Doctor
26 - Story

Lección 7
27 - Telephone Calls
28 - Phone Conversations
29 - Story

Lección 8
30 - Story

Appendix
31 - Community Vocabulary